PRIMAVERA INMORTAL

MARÍA DEL PILAR PUEYO CASAUS

PRIMAVERA
INMORTAL

© Obra: PRIMAVERA INMORTAL

Primera edición: Noviembre, 2024

© Textos e ilustraciones: MARÍA DEL PILAR PUEYO CASAUS

ISBN: 978-84-10040-85-4
Depósito Legal: M-25699-2024

© Editado por LIBER FACTORY www.liberfactory.com

Gestión, promoción y distribución: Grupo Editor Vision Net S.L.
C./ San Ildefonso 17, local, 28012 Madrid. España.
Tlf: 0034 91 3117696 // Email: pedidos@visionnet.es
www.visionnet-libros.com

Disponible en librerías físicas y online.

A mis queridos hijos, María Cinta y Javier Loscertales Pueyo,
y a sus esposos Greg Telfer y Patricia Font.
A mis cinco nietas, Ana, Sofía, Marta, Patricia, y Amanda,
esta invitación a la poesía.

Me dicen que haga versos y se me van las cosas.
Me dicen que haga cosas y se me va el amor.

PRELUDIO

Si los viejos amigos aún requieren tu voz
enhebrarás palabras en la vieja cancela
que guarda tantos sueños
en la penumbra vaga.
Todo es viejo y perenne en esta sed de vida,
acre latir de ausencias que taladran el alma
y quedan pocas cosas a las que asirse firme.
Pero mira por dónde ¡otra vez Primavera!
¿Cómo hundirse del todo
si es abril elocuente,
y se desborda en voces de luz esplendorosa,
y mezclan su mensaje jazmín, rosa y azahar?

Recobraré mi tiempo en primavera.
Aquí está la belleza otra vez.
Quiero cantar la vida y la verdad
cercadas por el tesoro del tiempo.
Aprovechar y absorber
hasta la última brizna del tiempo disponible.
¿Con cuántas primaveras cuenta el alma
para sentir la lanza renovada,
de volver a soñar?
Las nuevas flores blancas del pruno
y los jacintos azules,
de un azul violáceo maravilloso,
son de nuevo,
un aldabonazo en mi conciencia
y una alegría infinita para mi corazón.

FLOR DE CACTUS

Cubierta por la lava del destino
seguiré atesorando la esperanza,
segura de que un día todo alcanza
la plenitud de luces que adivino.

Al exterior, árida somnolencia,
sequedad, lentitud, penuria tanta
que mil veces el alma se quebranta
en el pozo sin ecos de la ausencia.

Pero dentro hay amor, estrellas vivas,
esfuerzos de esmeralda, savia ardiente,
jugo vital creciendo y recreando.

Alimenta el tesoro con que esquivas
todo temor, por dar al sol naciente
la magia de la flor al fin brotando.

SEGISMUNDO HA MUERTO

Segismundo ha muerto
porque estaba cansado
de tanto soñar y des-soñar.
"Yo soñé que estuve aquí de estas prisiones cargado"
y soñé…y soñé…
Luego nada y volver a empezar.
También nosotros
somos pobres Segismundos cubiertos de rayos de luna.
Nos convocan las estrellas
y tardamos tanto en llegar
que nos huye la esperanza como un vuelo.
Como una corona derrocada,
como una flor marchita,
como un corcel caído…
nuestros sueños se han ido derrumbando
por un precipicio sin retorno.
Y empezamos a des-soñar …
a la raíz desnuda de nuestra existencia,
indigencia radical,
a ver si como el grano de trigo,
después de las vitalizadoras lluvias,

empezamos algún día
a ver recubrirse nuestro anhelo
de pétalos blancos y rosados,
de música nueva,
de frutos cálidos y dorados en la mañana tibia.

MIENTRAS LAS NUBES BOGUEN

Mientras las nubes boguen
no habrá por qué temer en el planeta.
Mientras el viento bañe las mejillas
aún podremos cantar.
Que entre a raudales la vida,
que mi voz se multiplique por los montes
gritando que aún es posible el amor.
Un huracán de violetas
transportará toda la dulzura del mundo
para que los muchachos tristes
empiecen otra vez a soñar,
para que los ancianos cansados
aún encuentren amable el vivir,
para que los niños de grandes ojos de sorpresa
sonrían confiados como entonces,
como cuando el destello de Dios
dejaba su presencia en los caminos.

EL TESORO DE MARZO

Toda la amistad del mundo
cabe en un ramo de violetas,
todo el latir de la tierra
reposará en un ramo de violetas,
un vuelo de atardecer en el alma
dormitará en un ramo de violetas,
y cuando reviva Marzo en tu memoria,
amistad, latidos y atardeceres
respirarán sueños de paz
porque le habrán robado el alma
a un ramo de violetas.

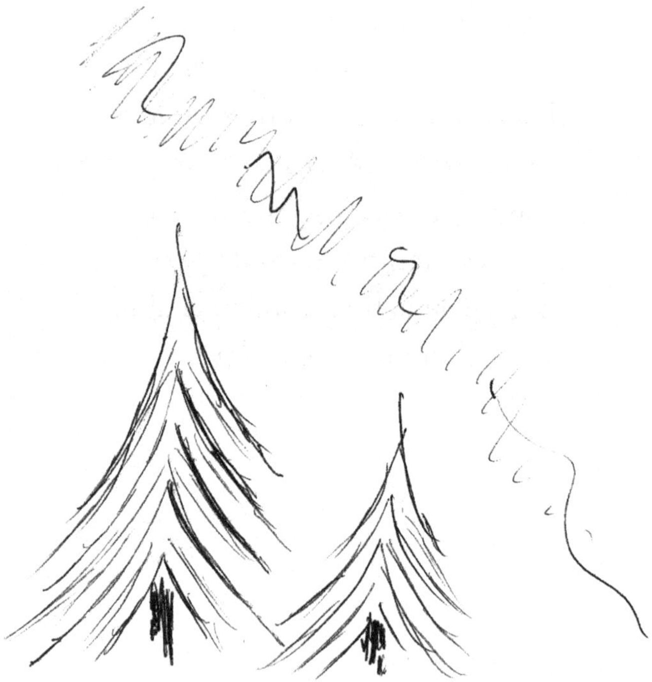

LA MAGIA SEDUCTORA DEL ABETO

La magia seductora del abeto.
No puedo ni explicar tanta esperanza.
Las armonías de los horizontes
jugarían a amarte entre la niebla.
Sé que de los colores se puede esperar todo,
la alegría del verde no se pagará nunca.
Deuda eterna tenemos los mortales
por haber disfrutado de su fronda.
Abetos, olmos, sauces, arboledas...
nunca os devolveré tanta pureza.
¡Cómo es tierno tu talle y qué dulzura
la de tu gracia móvil en la brisa!

NOSTALGIA DE MIS VALLES
(Del Pirineo Aragonés)

¿Dónde están las respuestas
de los espejos ardientes?
Esperaste en el Café de Carlos III,
y toda la tarde se hizo desierto
y las teclas del piano lloraron magnolias…
Siento un callar de alondras dentro del pecho,
siento un brillante rayo de luna
que no puede atravesar los rascacielos ni el asfalto.
Es tal el deseo de sauces y ríos,
de árboles gigantes, de agua, hierba y sol,
que sólo puedo sobrevivir
bebiendo de las fuentes del recuerdo.

EL BESO DEL SOL

Yo sé que estás allí
coronando las metas de la aurora.
Hermano Sol que iluminas nuestros miedos
y los encauzas hacia la esperanza.
Una tibia violeta en la mañana
besó en amor el esplendor de Marzo,
los retazos de sombra del invierno
se fueron deshilando por los montes
y allí brillaste tú.
Allí fue el renacer de los ensueños,
la semilla lanzó sus brazos a la tierra
y también abarcó la plenitud del aire.
La vida rebrotó en nuevos destellos
y el hombre vio latir
una risueña luz después de tanta muerte.

HE ESGRIMIDO LA ESPADA
DEL RECUERDO

He esgrimido la espada del recuerdo
para resucitar auroras blancas.
Tal vez beber el alma de las flores
es ley ineludible de la vida.
¿Para qué están allí?
Saber amarlas,
descubrir la belleza nuevamente,
cantar con nueva savia
y llenar la mirada de destellos.
¡Siempre primera vez va a parecernos
esta inmortalidad de fronda y luz!

MADRESELVA

Madreselva,
con destellos de sol,
taladrada de vida,
rodeada de hermanas flores nuevas
que bordean tu aurora.
Sobre el verde tejado transparente,
una veloz paloma surcó el cielo
ante tu clara fronda.
Era el momento exacto
en que el sol te cubría.
Fueron unos instantes.
Cruce paloma y sol sobre tu rostro.
Después quedaste sola,
-sombra, mañana fría-
pero tú y yo guardamos,
del instante-milagro,
el recuerdo ferviente.

SENSACIONES

El verde de los árboles
hoy ha inundado el aire.
No sé definirlo
pero el día es así,
como hecho de bosques inmensos,
suave y también iluminado.
Iluminado
de reflejos verdes,
de embrujos verdes,
de viento verde.
Al pasar por el parque
me ha parecido el mar.

SI QUISIERAS LLOVER, NATURALEZA...

Si quisieras llover, Naturaleza...
Está seca la tierra y la esperanza.
El estío no deja que las almas
se remansen en verde refrescante.
Nuestras ansias se agostan en la noche
y no encontramos cauce en la nostalgia.
Yo quisiera emerger y no lo logro,
el aire está sediento
y las metas se alejan una a una.
Vacío en el desierto.
Si quisieras llover, Naturaleza...
Dame aliento, que quiero con la hierba
aunar nuevos intentos de respuesta.
No sé si será tarde, yo quisiera
ver brotar en el alma briznas nuevas.

BROTES DE AZUCENAS PARA TUS SIENES

Brotes de azucenas para tus sienes
campanillas blancas y azules para tu cintura
y una playa desierta para el amor.
¿Ese fue el regalo de las estrellas?
Cuando vayas a darles las gracias
cuida que los zafiros de tus ojos
no se queden prendidos en el firmamento.

LOS VERDES TALLOS

Primavera gentil que al fin te muestras
dándonos tu alegría y tu milagro,
envuélvanos tu brío y tu pujanza,
inmortal vida.

Los primeros jacintos nos desbordan
con sus rosas y azules deslumbrantes,
son el triunfo de luz tras el letargo
del frío invierno.

Primavera inmortal que siempre vuelves
con tu brindis radiante por la vida.
Que no nos faltes nunca y nos infundas
luz y esperanza.

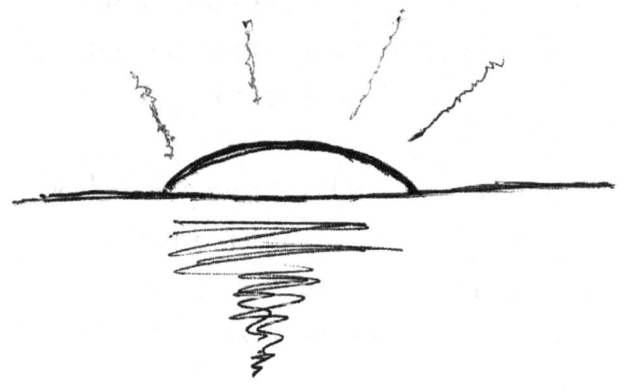

VOCACIÓN DE INFINITO

Como el rumor del mar vas pregonando
la alegría del sol recién nacido
y un despertar de miel te tiene uncido
a un sueño de esperanza desbordando.

Añorando radiantes lejanías
y mares transparentes e insondables,
no renuncias a metas improbables
porque nacen fecundas energías.

Existe la belleza pues luchemos.
Existe la belleza pues vivamos.
Soñemos porque existe la belleza.

Y porque es fuego y luz Naturaleza,
cabalguemos la estrella que añoramos
y venzamos al miedo que tenemos.

LOS LATIDOS TRANSPARENTES

Esperaré paciente la palidez del atardecer
sé que entonces hallaré alguna respuesta.
No quiero más negociar con el miedo
que tiene el rostro manchado
con las absurdas huellas de la ineficacia.

Toda la extensión del planeta
recibirá la caricia de la claridad.
Y entonces…
los ojos de los niños volverán a ser
como nunca tenían que haber dejado de serlo.

Un espejo radiante,
una primera estrella al atardecer,
un ciclón de campanillas cristalinas.
Y seguiremos hablando
porque ha empezado la bonanza.
Ya te contaré cómo los sauces
han empezado a querer cambiar de nombre.

SUEÑOS FECUNDOS

Una risueña luz después de tanta muerte:
Soñar el nuevo árbol.
Todos somos semilla
y dentro de nosotros
mil potencialidades prometen su latido.
No sirve el decaer.
No podemos dejar morir esta semilla,
habrá que protegerla,
comunicarle impulso
y asistir al milagro de su lanzarse al cielo.
Como siembra de estrellas,
será el arrullo de la blanda lluvia
haciendo fecundar tanta esperanza.

EVÓNIMUS VERDES,
EVÓNIMUS DORADOS

Evónimos verdes, evónimos dorados,
rosas, adelfas, laurel.
Presencia vegetal que acompaña,
evanescencia verde que da vida.
EL rubí de Omar Khayyam
alegraría las noches de luna
junto a estas fragancias…
Amor apurando la copa de vino
mientras los tallos de los lirios
y el cielo estrellado del trébol
reverdecen el corazón y el alma.
No renunciemos a tanta vida
mientras haya esta belleza en el mundo
que es breve tiempo, rocío fugitivo,
néctar, savia, pétalos y fronda.
¡Abramos la flor de la risa
en los labios y en el corazón!

"CUÁNTAS VECES DESEÉ CONVERTIRME EN UNA DE ESAS FLORES QUE NACEN AL PIE DE LOS ARROYOS"

(Rosalía de Castro)

Por eso, Rosalía,
como un temblor de hoja te quebraste.
La armonía del Cosmos,
fue para ti como un licor divino
diluido en la copa de la vida
que supiste beber.
Al abrirse tus ojos,
ardieron en la magia de la estrella,
y el fresco palpitar de la hierba ondeante
te pareció otro mar.
Arboledas fragantes,
circundan el misterio de tus sueños
y no hay soles ni nácar de las olas
que no vivan en ti.
Por eso, Rosalía,
como un temblor de hoja te quebraste,
deshilada ante el peso de la sombra
fuiste un alma de azul.

DE MI PADRE, PABLO PUEYO LAÍN

Lejos de donde florece
El crisantemo nipón
De donde el naranjo crece
Floreció nuestra ilusión.
Lejos de donde florece
Tu naranjo y mi limón.

MADRESELVA GENTIL, ¡ERES TAN BELLA!

Madreselva gentil, eres tan bella
que casi no me atrevo a conocerte,
las estrellas serían tus amigas…
¡les sobra simetría!
Tu gracia original,
tu equivalencia
de luces y colores en la tarde,
la filigrana de tus flores,
ellas, que atesoran la miel.
No quieras despedirte en Primavera,
puebla de sueños muchos, muchos días
mientras suspiras bajo el sol poniente
y envías tus sonrisas al laurel.
Madreselva gentil, ¡eres tan bella!

UN REBROTE DE LUCES EN LA TARDE

Un rebrote de luces en la tarde
junto al amanecer de tu esperanza.
Primavera otra vez.
Renueva el florecer de una promesa
porque renace el fuego de tus sueños.
Luchar por emerger.
De las cenizas nacerán diamantes,
una nueva Pompeya de las ruinas
y un presagio de amor contra el olvido.

FLOR BLANCA, CINCO PÉTALOS

¿Por qué me has venido a ver?
Eres tan linda y tan blanca,
gracias por tu presencia.
El número cinco ha de ser por algo.
Quisiera estudiarte, conocer tu ser
descifrar mensajes, penetrar las cosas,
¿por qué en esta tarde
me has venido a ver?
Terciopelo blanco tus hojas de nácar,
estrella de cinco rayos de cristal,
humilde y sencilla,
diminuta y tierna,
llegaste entre la lluvia.
A la bendición del agua
te sumaste tú.
Llegó la transparencia con infinitos rayos.
Hoy llega la "blancura en 5" de la flor.
¿Qué llegará mañana?
¿Qué me brindará el Cielo?

Sólo quiero hacer diana y no errar el camino,
no equivocar mi ruta,
elegir siempre el bien,
no hacer sufrir a nadie.
Lograr que los talentos
no queden enterrados por falta de valor.
Dios eterno, que sepa defender lo que el alma
por deber y derecho debe desarrollar.

CARPE DIEM

No sé por qué te escondes en la niebla
cuando la fronda invita.
No hay nada que renuncie a la belleza.
Todo el parque es un mar de embrujos verdes,
que juega a aprisionar nuestra esperanza.
La tarde se desnuda de sus luces
el silencio habla tanto
que no hay tallo ni brizna que no vibre.
¡Es el misterio azul de Primavera!

MI PEQUEÑO JARDÍN

Albricias son las hojas redivivas
en las plantas nacientes,
plenitud vegetal en la enramada,
campañillas azules que entretejen
toda la magia que el corazón canta.
Dulce silencio
y perfume enervante de la tarde.
Languidece mi alma en las adelfas,
todo el trébol me embriaga de blancura
mientras sueño y me besan las estrellas.

LAS ADELFAS

¡Congratulations!
Porque siempre has sabido
que las adelfas guardaban un secreto.
"Nerium oleander" expandiendo belleza
entre el veneno.
Ellas solas sonríen variopintas
en las costas ultra-luz del Atlántico,
allá donde las Carabelas
sorbieron el último soplo de magia
antes de zarpar hacia las seguridades del corazón.
¡Enhorabuena, felicidades!,
porque siempre lo has sabido
y ahora sospechas que aún hay más…
la suma es una resta,
el día puede ser la noche,
la muerte, la vida.
Y ¡claro que hay belleza entre el veneno!
Algún misterio guardará bajo su apariencia
inquietante,
si no,
¿Cómo la embriaguez de sus flores blancas,
de sus sueños rosa, en la noche azul?

¡VEN, POESÍA, HERMANA DE LAS COSAS!

¡Ven, poesía, hermana de las cosas!
Ven, y no tardes que sin ti no vivo.
Los laureles de Mayo te persiguen
y todo el año es bueno para amarte.
Si un deslumbrar de rosas de alborada
y un ensueño de luces en la niebla
pretenden que acompañes nuestros pasos,
¡que no nos faltes nunca!
Sobre las hojas blancas de mi mesa,
junto a unas ramas verdes,
florecerás de nuevo en mis palabras.
La vida se estremece.
Le pido luz al Cielo para hallarte
y no perder el jugo de las horas,
¡que es demasiado bella la existencia!

MURMULLO TRANSPARENTE

Murmullo transparente
que de la fuente mana.
Sonido que acrecientas
el silencio del alma.
Agua.
Entre todo el concierto
de las cosas creadas
tú posees más vida
y vida desparramas.
Agua.
Siento fluir mi sangre
con tú presencia clara,
torrentes que deslumbran
con luz que no se apaga.
¡Agua, agua, agua!
Hermana de las flores
compañera del alba.
Agua.

VERTIENDO COMO UN MAR
DE SOLEDADES

Vertiendo como un mar de soledades
entre el espíritu de la madreselva.
¿Acaso en las orillas de tu alma
habrá encallado un barco somnoliento?
Temo la noche oscura,
sortilegio de luna,
bitácora que sólo cuenta atardeceres . . .
¿Clamaron en la niebla tus palabras?
Algún eco tendrán, siembra de estrellas,
que el trigo también tarda en dar espigas.
La sonrisa de Dios —olas y flores—
no se apagará nunca y entretanto
¡bien merece la pena que soñemos!

ABRIL

"Abril florecía frente a mi ventana
entre los jazmines y las rosas blancas"
(Antonio Machado)

Buscaré un horizonte más abierto
porque todo es quererlo e intentarlo,
calibrar las ventajas y los dones
y no mirar atrás con amargura.

Siempre entre el césped hay gotas brillantes,
siempre Abril nos envuelve en armonías,
un bálsamo especial de primavera
nos va llenando el alma.

Sepamos cantar siempre estas dulzuras,
son los presagios de Dios que tras la niebla
nos renuevan los sueños y las ansias
como estos tallos verdes renacientes.

ERA LA VIDA TODA UN "MUTIS POR EL FORO"

Las ansias habían enmudecido
adoptando un mortecino color violeta como
diciendo adiós…
Pero esta embriaguez del aire cargada de pétalos,
el exultante triunfo de la savia
– victoria sobre la muerte–
hacen renacer las alboradas de tus sueños
y es todo como una lanza.
Lanza luminosa alejando letargos,
lanza transparente transportando energía,
lanza de esperanza desbordando universos.
Porque es necesario comprenderlos
para hacerles sentir que aún es posible todo,
que esa ambición de muerte que les puebla
no merece que vuelvan primaveras
¡y están volviendo siempre!...

PORQUE LAS COPAS VERDES DE LOS PINOS

Porque las copas verdes de los pinos
son un señuelo para la esperanza
quiero cantar al día.
Porque el silencio de los bosques puebla
el alma nueva del rocío frágil
quiero cantar al sol.
Porque en las plantas tienes azucenas,
Madre del Verbo, flor de amaneceres,
quiero cantar al cielo.
Cantar al cielo por haber nacido.
Cantar al sueño de soñar con Dios.

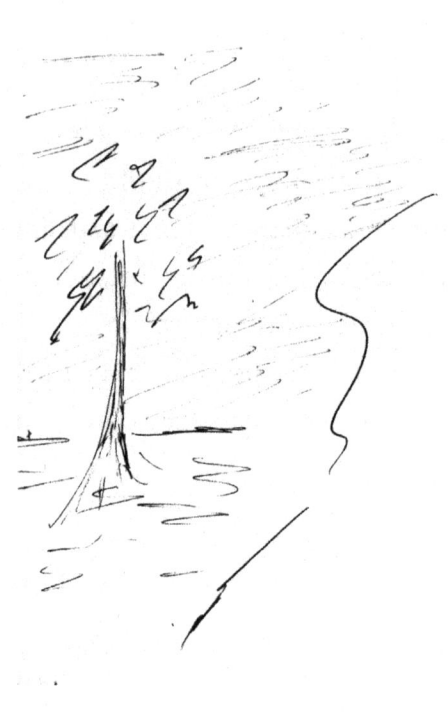

ESPERARÉ PACIENTE ENTRE LA BRUMA

Esperaré paciente entre la bruma
para decirte que te estoy queriendo,
los frutos de los árboles son siempre
un milagro que alienta al corazón.
En las horas inertes y vacías,
he sentido el corcel de la esperanza
ahuyentarse gimiendo una amargura…
Pero ante el nuevo árbol no hay derecho
a quedarse plañendo inútilmente,
nueva savia de sol sabrá ceñirse
al tronco de las vidas y al amor.

OTRA VEZ SERÁS TÚ

Porque al caer mediste las orillas
y enriqueces el sueño de tu alma,
porque en tu lucha vas ganando metas
y persigues la luz,
nuevas alondras cercarán tu vida,
florecillas azules y violetas
te llenarán de gozo
y otra vez serás tú.
No temas que cubiertas de amargura
las horas se deslíen en la pena,
tiene que ser así,
porque luego nos ciega la blancura
y es tanta la belleza de la tarde,
que se ha hecho para ti,
que tus sueños errantes de infinito
retornan al redil
y embriagada de tallos y de flores
hoy vuelves a vivir.

IDUS DE MARZO

Estás añorando la lluvia.
Los hilos desatan espinas
y el árbol de sueños, truncado,
se cubre de pronto de brillo.
Castaños de luces marchitas
se truecan en auras de gloria.
Ya sé que lo inmarcesible
levanta pedernales de entusiasmo.
In Teos. Todo Dios.
Señor desparramando alondras.
No tiembles en el jardín de Enero.
Los Idus de Marzo
despertarán somnolientas flores blancas.
Habrá plenitud, armonía a raudales.
¡No faltéis a la cita!

ÍNDICE